序章　いま、明石が熱い

1 まちの好循環の拡大へ

私が市長に就任した2011年、市の人口はすでに減少・停滞期にありました。今後も毎年1000人ずつ減少が続き、すぐにも29万を下回ることが見込まれていたのです。中長期的な人口減少は避け難く、10年後には総人口が28万にまで減る推計です。何とか現状を維持できれば、というのが当時のまちの空気感でした。

右肩上がりの時代はすでに終わり、住民ニーズは個別化、多様化しています。これまで自治体は横並びで画一的なプランに頼りがちでした。でも、もはや全国一律、杓子《しゃくし》定規な方式がどこでも通用する時代ではありません。

高度成長を前提とした旧《ふる》い施策を、そのまま続けていくことは間違いです。それでは地域はますます疲弊してしまいます。以前と同じやり方を漫然と続けていてはダメなのです。広く、薄く、形式的に旧来のやり方を維持することが、本当に市民のため、まちの未来につながるのでしょうか。

古い価値判断のまま、前例踏襲で済ませるのは、行政の怠慢《たいまん》でしかありません。行政は時代や市民に本当に必要なサービスを確実に提供しなければなりません。地域特性を踏まえた施策の選択と集中は不可避です。

そこで明石では、まちづくりの方向を明確に重点化し、まちのみんなで共有するだけでなく、実際に重心を移しました。

コンパクトな住宅都市の明石には、フルパッケージの施策は必要ありません。その点を強く意識し、「暮らす」に特化して施策を展開しています。重点分野を単にスローガンとして掲げるだけでなく、実際に予算も人も大幅にシフトし、まちのみんなで本気で取り組んでいます。

私は最初に「こどもを核としたまちづくり」、続いて、「やさしい社会を明石から」を掲げました。市民一人ひとりに真正面から向き合い、まずは人に焦点を当てたソフト施策を重点とする自治体運営に大きくシフトしたのです。

困っている人を誰ひとり置き去りにしない。みんなでみんなを支える持続可能なまちづくりを目ざして、これまでの自治体経営のあり方を大きく変えていきました。

その結果、地方都市では異例の6年連続の定住人口の増加、交流人口の増加、出生数の増加、税収の増加、地域経済の向上と、五つのV字回復を達成しています。すなわち、住む人、来る人、

なってきます。個人や家庭、地域だけの責任にしてしまったら、お互いに支えきれない時代が来たのです。

長寿命化も進み、老老介護などが大きな社会問題となるなか、２０００年には介護保険法が施行され、「支援の社会化」が起こりました。同じ年には、児童虐待防止法も施行されています。「介入の社会化」です。今の日本社会は、もはや地元任せのセーフティネットだけでは安心できないのが実情なのです。

このような時代だからこそ、支援を必要とする人を、必要なときに支える仕組みが必要です。助け合いの必要な人はたくさんいます。また、誰しも支えが必要なときがやってきます。市民が健やかに暮らせる地域をつくり、すべての人が自分らしく暮らせる社会を未来につなげる。これは、みんなに必要なセーフティネットです。「民」だけに負担を強いる時代ではありません。社会全体の問題、「公」の社会的課題として取り組むべきです。

住民福祉は、まさしく行政の最も基本的な責務に規定されます。幸い、人に寄り添うテーマは国や県よりも、住民に最も近い行政・基礎自治体が得意とする分野でもあります。みんなから預かった税金で、みんなを支える。困っている人の支援は、市区町村が公の責務として担うのが最適であり、住民に最も近い各市区町村が直接行うことが重要なのです。

子どもをはじめ、支援が必要な世代だけでなく、障害者、無戸籍者、犯罪被害者など、市民が本当に支援を必要とするとき、行政が一人ひとりに本気で向き合い、しっかりと寄り添う。

これが当然進むべき道であり、私のかねてからの思い、また、就任以来より一貫して心がけてきた、まちづくりの根本にある揺らぐことのない強い決意です。

誰もが暮らしやすい共生のまちづくりを、私は「いつまでも、みんなで、助け合おう」と表現しています。

「いつまでも」は、今だけでなく将来を見据え、子や孫の世代にも責任の持てる持続可能な社会づくりです。「みんなで」は、行政も地域も民間も、みんなで連携・協力しながら進めていくパートナーシップです。セーフティネットを張るためには、地域を強くし、みんなで支えるかたちにする必要があります。「助け合おう」は、根っこにある考え方で、誰ひとり取り残さず、誰ひとり排除しない、まちのみんなで、すべての人を支える取り組みです。

誰も取り残すことなく、誰も排除しないインクルーシブ（包摂的）社会をつくる。明石の進めてきたやさしいまちづくりの理念は、２０１５年に定められた国際社会の共通目標、国連のＳＤＧｓ（持続可能な開発目標）の基本理念と重なります。人類普遍の規範であり、世界が目ざす２０３０年の目標です。日本社会が目ざしている共生社会のあるべき姿そのものです。

国際社会、日本全体、そして私のかねてからの願いである共生社会に向け、誰も置き去りにすることなく、住民に身近な基礎自治体から、活力ある地域社会をつくる。人々の日常生活の場で、具体的な施策レベルで取り組みを進めるにあたり、明石市では、ＳＤＧｓが世の中に示される前から、普遍的な二つの大きなコンセプトを掲げています。

一つは、「こどもを核としたまちづくり」です。

すべての子どもを、まちのみんなで、子ども目線で、本気で応援する子どもの総合支援です。

もう一つは、「やさしい社会を明石から」です。

すべての人を、みんなで支え、安心して暮らし続けることができる社会保障、セーフティネットの拡充です。たとえ先例がなくとも、まず明石から始め、明石から全国に広げていく取り組みです。

市民とまちの未来への責任を果たすため、明石では、市民一人ひとりに焦点を当てたソフト施策に重点を置き、持続可能なまちづくりを目ざしています。

4 自治体経営四つのポイント

まず前提として、地勢や時代はもちろん、社会情勢に応じて我がまちを常に多角的な観点から捉えることにしています。

明石は関西圏、京阪神地域の西端に位置しています。隣接する神戸や大阪には多くの学校、企業等があり、交通アクセスの良い明石はベッドタウンとして発展してきました。「学ぶ」「働く」は市外で。「暮らす」は明石で。面積約49平方キロメートルと市域の狭い明石では、それは日常の風景です。

近くに大きな都市圏、経済圏があることで、市域を超えた人の往来も多く、大きな影響も受け、与えてもいます。近隣から子育て世帯が数多く転入してくる一方で、15~19歳の層だけは、毎年、転出超過です。今も流出が続いています。

ここを食い止めると、よく他の首長さんはおっしゃいます。ですが、明石の場合は、そこで無理に抵抗することはしません。進学や就職による若者の市外流出を防ぐことを、ある意味あきめています。

言い換えると、周辺の大都市と競争して、無理やり大学や企業を誘致しなくても、市民の生活実態に即した圏域で「学ぶ」「働く」を担保できているのです。これは明石の大きな強みにもなります。

「学ぶ」「働く」は市外で。この分野で明石が大きく投資をして無理を重ねたところで、周辺都市よりも抜きん出るのは容易ではありません。それよりも明石は「暮らす」に重点を置きました。コンパクトで交通利便性の高い中核都市の強みをいかし、思い切って暮らしやすさに特化した自治体経営にシフトしたのです。

周辺の関西エリア、大阪通勤1時間圏内に住む子育て層が、本当に暮らしたいと思えるまちづくりをしています。結婚して一人目の子どもが生まれ、二人目の子を考えている方たちに、「明石なら、二人目も可能ですよ」「子育てするなら、明石はいかがですか」とアプローチをかけているのです。魅力のある施策であれば、当然来てくれる、という読みに基づいて、明石の地理的な強みを意識した明確な施策展開をしています。

思い切った施策展開を可能にした、明石市の自治体経営のポイントを四つに分けて説明します。「市民とのビジョンの共有」「時代に応じた予算のシフト」「適時・適材・適所の組織人事配置」「広報戦略」です。

(1) 市民とのビジョンの共有

市のまちづくりの重点テーマは、現時点では大きく二つに集約することができます。子育て、教育など、子どもを「産む」「育てる」。そして、高齢者、障害者など、支援を必要とする人を誰ひとり置き去りにせず、必要なときに支援する「安全・安心」です。

実にタイミングよく、私が市長に就任する直前に、子どもを「産む」「育てる」、みんなの「安全・安心」を最重点に掲げた新たな長期総合計画がスタートしました。「ひと」に焦点を当て、基本構想で目ざすまちの姿を「ひと　まち　ゆたかに育つ未来安心都市・明石」と設定。まちづくりの戦略を「子どもの健やかな育ちで、みんなの元気を生み出す」と定めています。

みんなの思いが込められたこの理念を絵に描いた餅にすることなく、改めて分りやすいメッ

ちの状況は大きく変わりました。

「子ども」に大きく予算を割り当てることが、明石では「あたりまえ」のこととして定着したのです。

(3) 適時・適材・適所の組織人事

本気で子ども施策を実施するため、予算の確保にあわせて、組織体制の強化を図りました。総職員数は削減する一方で、重点分野である子ども部門への増員は不可避です。それも単に人数を増やして済む話ではありません。心ある人、意欲ある人だけでは不十分です。本当に子どものための施策を継続するには、知識や経験のある専門性の高い人が必要なのです。

このため、従来のお役所型の人事を脱し、「適時、適材、適所」をモットーにした柔軟で迅速な人材配置への転換を断行しました。

従来は年1回、4月だけの定例人事異動が慣例です。私からすると、理解し難いことでした。役所の人事にあわせて仕事が発生するのではありません。重要課題には迅速に対応するのが当然です。野球でも、サッカーでも状況次第でメンバー交代するのは「あたりまえ」です。なぜ途中で適材適所、人を変えないのか、納得できる合理的な説明は得られませんでした。

役所の慣例は無視して、年度途中でも毎月のように人事異動を行うことにしました。職員はビックリ仰天です。公務員の世界では、考えられないことだったのです。市議会にも驚かれました。このことを知った他の市区町村の人からも、いまだに驚かれています。

子どもの数が増え、保育所の待機児童の問題が深刻化するなか、２０１６年度には次の年度が始まる4月を待たず、1月に人事異動を行いました。6人を動かし、急務である保育所の定員枠の拡大に着手したのです。あわせて組織体制も変え、新たに待機児童緊急対策室も設置しました。３か月も漫然と放置することを良しとせず、直《す》ぐに解決に向け取りかかったのです。

子ども部門の職員数は、私が市長に就任する前、２０１０年度の当初は39人でした。施策の拡充とともに、年度途中でも適時、組織改編を重ね職員を増やしていったので、２０１８年度の夏には１０３人になりました。

単に人の数を増やしただけではありません。長年の慣例になっていた年功序列にもメスを入れました。今後に期待を持てる若手や女性を抜擢《ばってき》し、課長や部長に積極的に登用するなど、人事改革を進めていきました。

加えて、専門職を全国から公募し、現場で働く一般職員として採用しました。専門性を発揮し、行政職の仕事も担う一般職員です。

まず弁護士を一挙に5人採用しました。顧問弁護士ではなく、弁護士資格を持つ常勤職員です。法令を根拠に妥当な解決を図る能力は、市民相談、市が絡む訴訟など、法務、総務部門だけでなく、子育て、教育、福祉など幅広い分野の現場で役立ちます。

当初は互いに戸惑いもみられましたが、市民も職員も即時身近に相談ができ、効率も大きく向上しました。今や弁護士職員は、全国100以上の自治体に広がり、自ら企画立案し施策を推進する地方分権の時代に欠かせない存在になっています。明石では現在、7人の弁護士職員が各分野で行政職と机を並べて働いており、2019年春からは10人に増やす予定にしています。

専門職は一般職員数の枠内で採用するので、職員総数や人件費を増やすことなく、市民サービスが向上し

明石市の専門職、派遣職員

ます。全体の数％の少人数であっても、専門性の高い人材が知識やノウハウを伝えることで、一緒に働く職員全体のレベルの底上げにもつながっています。子ども、教育、福祉や本のまちづくりの取り組みにも採用枠を広げ、弁護士だけでなく社会福祉士など、専門職は２０１８年夏ですでに32人になりました。

児童相談所の設置や里親の拡充など、全国に先駆けた取り組みでは、国の各省庁からも応援を得て施策を推進しています。これまでの緊密な連携を発展させ、中央省庁から実務を担える経験者の派遣を受けてきました。現在は厚生労働省、法務省、防衛省、文部科学省、国土交通省から6名が明石に来て、各分野のキーパーソンとなり、市の職員として活躍しています。

そもそも私が明石で先駆的に進めてきた取り組みは、国が進めようとしていること、やってほしいことの先陣を切るかたちがほとんどです。時代の要請と違う方向ではありません。時代のニーズ、市民ニーズに向き合ってきただけなのです。これまで実現できていなかった施策を明石で具体化し、着実に成果を出し、普遍的な施策として他の自治体にも広がるよう取り組んできたのです。

加えて、シティセールスの分野では、電通をはじめとした民間の業界大手とも連携し、経験豊かな現役の社員を派遣してもらいました。すでに複数の企業から優秀な人材を受け入れています。市の常勤職員として先頭に立ち、能力を発揮しています。

職員総数を削減するなか、国や民間企業からの派遣など、専門職は職員全体の2％近くになりました。重点分野の子ども施策、福祉施策をはじめとして、ソフト施策中心に市政のあらゆる分野で専門能力を発揮し、一般職員と同じ立場で働いています。オールマイティな一般職と、高度な専門性を持つ専門職が、共に連携してチームで市民の期待に応える組織体制へと変革してきたのです。

2018年には中核市に移行し、県から二千に及ぶ権限が委譲され、これまで県が行っていた業務を身近な市が担うことで、より質の高いサービスを迅速に提供することができるようになりました。保健所を自前で運営するので、新たな専門職が必要でした。任意設置の動物愛護センターも開設しました。児童相談所も全国で9年ぶりに新設し、国基準の2倍の人員を配置します。このため、全体で新たに100人以上の大幅な人員増が見込まれていました。

ですが、数年前から逆算し、専門職を効果的に採用・配置するなど本気で事務の見直しを断行することで、結果として総職員数を1人も増やすことなく、移行を無事完了しています。現行人数内ですべて対応したのです。むしろ総職員数は、例年の削減を継続している状況です。

専門職を有効に活用し、必要な能力、意欲を持ち、心ある職員を適時、適切に配置することで、職員を全く増やすことなく、新たな市民サービスを行う組織体制に移行してきたのです。

中核市移行後も立ち止まることなく、さらなる権限と責任を担い、より一層自立した自治体運営を進めていく所存です。あわせて、将来にわたり持続可能なまちづくりを支える組織体制へと、さらに強化を続けています。

(4) 広報戦略

今の時代、対象層や情報内容を意識して、どの行政機関も独自に効果的な広報に努めています。ホームページ、SNS、アプリの活用や、ポスターや地域での回覧など、さまざまな手法を組み合わせますが、私が最も力を入れているのは、月2回発行の定期広報紙「広報あかし」です。

「広報あかし」は、市民にはおなじみの長年続く新聞です。以前は役所のお知らせごとを寄せ集めた、文字が中心の2色刷りの紙面でした。市が自ら発行する配布物なのに、大変もったいないことをしているな、と残念に感じていました。

実際に予算も人もエネルギーもつぎ込んでいます。行政の本気度が伝わることで、まち全体で機運も高まりました。「こどもを核としたまちづくり」をまち一丸となって進めてきた効果で、人が増え、地域経済が活性化し、まちの好循環が拡大しているのです。

明石のように、すべての子どもが対象のユニバーサルな立場に対し、所得制限を設けて対象をしぼる立場があります。この二つは、これまでも社会保障のあり方として争点になってきました。近年は子どもの貧困がクローズアップされ、ひとり親家庭など低所得世帯の貧困対策が大きな社会問題となっています。明石の子ども・子育て施策が注目され、貧困対策についても質問を受けることがありますが、私は「子どもの貧困対策をするつもりはありません」と答えています。

所得制限を設けること、対象をしぼった対策では、親の収入で子どもが線引きされ、ボーダーラインでこぼれ落ちてしまう子が出ます。貧困の烙印《らくいん》を押され、傷つく子もいるでしょう。そもそも、どこで線引きをするのか、ムダな議論にエネルギーを費やす残念なことになります。

今の時代に必要なのは、子ども自身に焦点を当てた支援をすることです。貧困をテーマに要らぬ分断を持ち込んでしまうことなく、すべての子どもに手を差し伸べるべきなのです。貧困家庭にも中間層にも恩恵があり、大きな波及効果をもたらすのは、誰も置き去りにしないユニバーサルな子ども施策を実施することです。明石のまちでは、実際に好循環が拡大しているのです。

子どもは親の持ち物ではない

日本社会の悪しき風習で、法は家庭に入らずという考え方があります。昔のままの家族任せ、親任せでは、子どもは親の持ち物になりがちです。日本社会では、いまだに子どもたちが人格ある主体として扱われていません。子どもを保護する児童相談所にしても、親の同意がなければ虐待から救うことは困難なのが現状です。

児童虐待では、子どもの最大の敵が親である、という理不尽に、社会がどう向き合うかが問われています。簡単に同意が得られず、親が悪いから仕方ないと、親の責任で済ませてしまうなら行政が存在する意義はありません。親も悪意からではなく、よかれと思って子どもの社会参加を阻んでしまうこともあります。その悪循環を断ち、行政がどう関わるかが問題なのです。

子どもは親の持ち物ではありません。親の意思で自由にできるものではなく、子どもの人生を親が勝手に決めていいわけでもありません。子どもの人生は、子ども自身が決めるものです。

たとえば知的障害のある子の親が、親亡き後の財産管理で、「この子を残して死ねない」と言いますが、年齢の順からすれば、普通、子を残して親のほうが先に亡くなります。「この子を残しても先に逝けます」という社会をつくらなければいけないのです。親が障害者の子どもと無理心中することが美徳とされるような社会は間違っています。子どもの命と未来はみんなで守り、社会のみんなで育むものです。

子どもはみんな、何らかの支援なくしては生きていけない存在です。家庭の中だけで完結させるのではなく、行政、地域、まちをあげて、子どもをしっかりと支えていく必要があります。「子どもが大事」と口では言いますが、日本社会はいまだに方向転換ができていません。すべての子どもたちに行政が責任を持つ、とまではいかず、家族に対して重すぎる責任を負わせ続けています。子どもたちのために、すみやかに発想を転換し、実際に行動することが急務だと思っています。

子ども医療費を所得制限なしで完全無料化

私がまず着手したのは、子ども医療費の無料化です。２０１１年に市長になり、議会との対立関係が続いていた状況のなか、子ども医療費の無料化を最初に持ってきました。

首都圏、中京圏ではあたりまえの施策でしたが、当時、関西圏で実施している自治体は珍しく、市民のニーズも高いうえ、高い政策効果も見込めます。

ただ問題は、所得制限でした。当時は、所得制限をかけるべきだという考えの議員も数多くいました。しかし、すべての子どもを対象としたユニバーサルな施策を掲げる私としては、所得制限をかけないことは絶対に譲れない一線でした。

同じ子ども医療費の無料化でも、子どもを親の所得で分断し、誰かを見捨てる所得制限を設けた制度は、明石の制度とは似て非なるものです。すべての子どもを守る明石の理念と、そもそもの発想も、子どものために費やす人も予算も、覚悟も全く異なります。

本気で子どもを応援するなら、子どもを分け隔てる施策を実施してはダメなのです。このため従来とは発想の転換を図り、これまでの仕事のやり方を見直し、業務を改善し、やりくりを積み重ねてようやく必要な予算を捻出し、抵抗を受け続ける中でも、「子どもが大事」と言い続け、何とか所得制限なしでの無償化につなげていきました。

実施が決まっても依然として不満の声は聞こえていましたが、所得制限なしでスタートを切ることができて、非常にわかりやすいかたちで「こどもを核としたまちづくり」に位置づけることもできました。

ただ、施策のメリットが市民に実感として広がるには、思ったよりも時間がかかりました。所得制限なしで子ども医療費が無料になることに「とても助かる」と言われるようになったのは最近ですから、開始から3、4年かかっています。
実際に自分の子どもが病気になって病院に行き、「えっ、明石市民はお金を払わなくていいの!?」と気づきます。その経験が積み重なり、周辺自治体の市民も気づきだし、「じゃあ、明石に引っ越そうかな」と考えるようになります。政策効果が実際の転入に結びつくまで、少しタイムラグが生じています。しかし、それが今の明石の転入増を牽引《けんいん》しているのは間違いありません。

第2子以降の保育料完全無料化

結婚したい、子どもがほしいという思いがあるにもかかわらず、経済的な理由によって子どもが産めない社会は健全ではありません。経済的理由であきらめなくてもいいように、負担軽減をするのが社会の責務です。子ども医療費に続いて、第2子以降の保育料の完全無料化を開始しました。

人口減少、少子化が負のスパイラルに陥るなか、2017年には合計特殊出生率が全国で1・43にまで下がっています。課題として挙げられるのも「第2子の壁」ですから、当然、2人目からの施策が求められています。

若い子育て層が明石で2人目を産み育てられるよう、政策誘導を図る上で、まず、実際に引っ越してくるのはどのような家族かを想定してみました。

明石の高校生が進学すると、18歳で大阪や京都に出て、一旦まちを離れます。学校卒業後、関西周辺に就職すると、普通は学生時代に住んだ周辺を離れることなく、わざわざ親元の明石にも戻ってはきません。その後、大阪や京都あたりで結婚します。

すぐに家を購入せず、当面は賃貸の仮住まいです。子どもが産まれ1人目がまだ小さいうちは仮住まいで十分ですが、1人目が大きくなり、2人目がほしいというときに、どこに本住まいを構えるかを考えます。ここがポイントです。

定住誘導しやすいタイミングは、結婚時ではありません。1人目を産む前でもありません。3人目では遅すぎます。2人目を産む前こそが最適なタイミングなのです。2人目を産むかどうか迷いながら、住宅購入を検討し始めた若い層に、通勤に便利で、2人目の子ども部屋も確保できる不動産価格で、将来の家計負担が少なく、子どもを育てるのに適した明石に引っ越して来てもらうのです。住宅都市の明石に最も有利なタイミングを読み、明確に焦点をしぼりました。住宅購入、定住先を決める、第2子を産む前の若い世帯に響く施策を打ち出すのです。

こどもスマイル100%プロジェクトのパンフレット

乳幼児についても、「こどもスマイル100%プロジェクト」として、すべての子どもの健康状態を直接会って確認しています。乳幼児健康診査を受けていない子どもは、ネグレクトや虐待にあっている恐れがあっても気づかず見過ごされる可能性が高くなります。問題があれば早期発見、早期解決につながるよう、検診で会えない子には、職員が直接訪問して100%必ず会っています。

「子ども」がまちの発展に

子育て支援の拠点として、明石駅前に設置した図書館も、同じビルに設置した「あかしこども広場」の子どもの遊び場「ハレハレ」なども大好評です。
同じような内容の民間施設だと、大体30分600円ぐらいで、親子で1200円、ちょっと遊んだら2千円、3千円かかります。しかし、明石では親子で何時間遊んでも無料ですから、いつでも来られます。それ以外にも工作教室とかキッチンルームなどいろいろな施設が利用でき、親子連れが一日ゆっくり楽しめる空間になっています。

こうした子どもと子育てへの投資は、人口増加と経済成長をもたらします。これを実現した明石は、非常にわかりやすい好事例と言えるのではないでしょうか。子どもに予算も人もエネルギーも使えば、実際にまちに人が集まり、活気を取り戻し、税収も増え、地域経済も活性化するという好循環が生まれているのです。もちろんこれで終わりではなく、まだ途中にすぎません。

こどもの遊び場「ハレハレ」

他の市の議員は、多額の予算が必要な所得制限なしの子ども・子育て施策に「よく反対が出ませんね」とビックリします。また、親とは別に暮らさなければならない事情があるとはいえ、極めて少数の子どものために、税金で新たに児童養護施設をつくる予算に議会が全会一致で賛成することにも大いに驚かれます。

仮に市長にやる気があったとしても、市民や議会から「他にもっとやることがある」と反対されてしまう風潮がまだまだ強いのではないでしょうか。

それが明石では、迷惑施設のように言われることもある児童相談所ですら、全会一致の反対ゼロで、ＪＲ駅前の一等地につくることができるのです。

理念をしっかり主張し続け、それを市民に的確に発信し、議会にも逃げることなく大義を掲げて問い、まち全体の機運と理解を広げてきたことが大きいと思っています。

第2章　すべての子どもたちを、まちのみんなで

明石が他の自治体と違うのは、子育ての負担軽減策だけではなく、子どものセーフティネットにも重点を置いて取り組んでいることです。しかも、子どもたちにとって必要な施策は、国を待つことなく明石市から始めているため、全国初の取り組みが目立っているのも特徴です。

子どもに冷たい国＝日本

まず言っておきたいのは、日本ほど子どもに冷たい国はないということです。私はこんなに冷たい社会で死にたくないと思っています。もっとましな社会はつくれるはずですし、傲慢《ごうまん》かもしれませんが、それに気づいた者がつくるしかないと、子ども心に使命感を抱いてきました。

私の弟は先天的に障害があり、近所の小学校ではなく、遠くの養護学校に行くようにと言われました。歩けない弟が、独りで電車やバスに乗って行けるはずがありません。両親は漁師でしたから、朝の通学時間には海に出ていて送り迎えなどできません。どうやって通えというのでしょうか。歩けない子は近くの学校に入れ、送り迎えもしてあげるのが本来のあり方です。こんなおかしな社会はないと思いました。

結局、近所の小学校に通うことになり、弟の送り迎えは私がしました。みんなが手を貸してくれたり、ランドセルを背負ってくれたら美しい話ですが、残念ながら現実は全然違いました。本当にまちの空気が冷たく感じられ、やり切れなさを噛みしめていました。こんな理不尽な思いをいつまでもするのは、自分も嫌だし、他の人にもしてほしくないと思いました。

弁護士時代にも離婚や虐待など、さまざまな問題を抱えた家庭の子どもと関わるなか、社会の冷たい現実に、何度も、何度も接してきました。

両親を亡くし二人だけで暮らす子どものケースがありました。県の教育委員会が、親権者のいない子どもを高校で預かることができないので、退学処分にするというのです。さすがにそれは「ひどい」と校長が相談に来ました。県の児童相談所に行くと、「うちは高校生を担当しません」という返事です。これは本来、児童相談所の仕事ではないのかと言っても、動いてはくれませんでした。

直接話を聞き、戸籍をたどり、親の実家がある地方まで新幹線を乗り継いで行き、親戚を回って歩きました。事情を説明すると、かわいそうだと言う親族もいましたが、実際は甘くはありませんでした。

結局、裁判所に相談して私が未成年後見人になり、親代わりを引き受けることで、高校を退学にならずにすみました。私の法律事務所のすぐ裏のアパートを借りて住ませ、親族や行政に代わって成人するまで面倒をみました。

気づきの拠点・こども食堂を全小学校区に

児童虐待から子どもを守るためには、早い段階で子どものＳＯＳに気づき、早期支援につなげることが必要です。その地域拠点として、子どもの歩いて行ける範囲、全28小学校区のすべてに、こども食堂を開設しました。

こども食堂は、単にご飯を食べるだけでなく、子どもが発するＳＯＳに気づく役割があります。明石では地域での気づきの拠点です。

子どものリスクを把握するのが早ければ早いほど、児童相談所などにつなげて早期の支援ができます。毎日同じＴシャツを着ている子などは、親が放置している可能性もあります。太り方がおかしければ、栄養のバランスがとれた食事を摂っていないサインかもしれません。子どもの状況に地域の人が気づき、着実に行政に情報を伝えてもらうため、地域には支援の拠点が要るのです。

こども食堂を市内に１か所だけつくっても、それでは不十分です。市内に何か所かつくったとしても、小さな子どもは電車に乗って行けません。お金もありません。行政が子どもに力を入れている振りをしているだけになってしまいます。

子どもの立場で考えれば、少なくとも自分の通う小学校のエリアになければ行くのは困難です。

広報あかし2018年8月15日号「こども食堂」特集（表紙）

すべての小学校区につくるのはあたりまえなのです。市内に1か所だけ立派なこども食堂をつくる発想ではダメです。

　子どもの立場に立って、子どもを早期に支援する拠点である以上、すべての地域に必要です。子どものための居場所です。明石は市内の28小学校区、すべての地区にこども食堂がすでに開設されました。現在市内の38か所で実施されています。

　運営は地域の方々、ボランティアの方々が主体となり、市は1回2万円程度の助成金で応援しています。開設する場所がなければ市の公共空間を提供し、地域の公民館や、小学校の家庭科教室を使っている地域もあります。高齢者のデイサービス施設を夕方に解放して実施する地域もあります。こども食堂は地域での支援者の育成の場でもあるのです。これは里親の普及にも関係してきます。

早期支援を総合支援につなげる

早期の気づきは、児童相談所へと適切につなげることができます。でも、児童相談所につないで一時保護した子どもの中で、元の家に帰れるのは現状5割程度です。残り半分近くの子どもたちは親元を離れ、別の空間で暮らしていくことになります。

日本では、帰ることのできなかった子どもたちの、実に8割から9割ほどが、施設暮らしを余儀なくされるのが現状です。こんな理不尽な国は世界で日本だけです。他の国は、アメリカでもイギリスにしても、少なくとも7割ぐらいの子どもが里親家庭に行くことができています。里親のところへ行けた子どもが、たった1割しかないのは日本だけです。

つまり、早期支援をしても、親から切り離してしまった結果、住んでいた家からも遠ざけられ、日常の家庭生活を失い、かえって不幸になりかねない現実があるのです。

たとえば、ひとり親家庭で親がまともに料理を作らず、毎日スナック菓子ばかり食べさせられている子どもがいた場合に、そんな親はダメだ、子どもが不幸だと、親から切り離してしまうと、親が家から出ていき、子どもは児童養護施設に入ることになりかねません。子どもにとって、これが幸せと言えるでしょうか。

スナック菓子ばかりでも、自分の母親と暮らすほうが子どもには幸せかもしれません。行政が早期支援をすることには大きな責任が伴います。「法は家庭に入らず」と言われた家庭に、あえて行政が介入するのは、それなりの覚悟と個々に応じた日常支援が要るのです。

もし母親がいなくなっても、そのあと、親に代わって愛情と栄養を注いで、家庭的環境で育んでくれる里親につなぐ体制をつくらなければ、無責任になります。

こうした観点で明石では、2019年度の児童相談所の開設前、2017年度からすでに里親の登録拡充を始めています。これは初めからセットで行う必要があります。

児童相談所は単なる一つの箱ではありません。早期支援の地域の拠点となるこども食堂、その後の家庭的受け皿となる里親、両方とセットで初めて効果的に機能するのです。さらに中間的な役割として、児童養護施設がなくては有効に機能しないので、明石では2017年につくりました。

加えて乳児院との連携も大切ですし、児童心理の施設や自立支援の施設など、より専門的な施設も必要です。あらかじめ必要な関連施設がそろってこそ、それぞれの重要な役割が、効果的に発揮できるのです。

児童養護施設は、まちなかに

子どもたちには、心ある総合支援をまちのみんなで提供してあげたいと思っています。全国的にみると、児童養護施設の多くは市街地から離れた辺鄙《へんぴ》な場所に設置されていますが、明石の児童養護施設は、住宅地の中に新設しました。せめて友だちと会えるぐらいの距離に施設がなければ、子どもはそれまで暮していたすべての環境から切り離されてしまいます。

明石の児童養護施設は、地域につながる空間です。地域の方との交流もできる空間にしたいので、住宅地の中につくりました。実際、ここで暮している子どものクラスメイトが遊びにきたり、地域の方との交流が始まったりしています。地域の方々に手伝っていただき、施設に隣接する建物でこども食堂も始めています。辺鄙な場所の施設とは全く発想が違うのです。

名称についても、「ザ施設」という感じではなく、子どもが年賀状に書ける名前にしようと、ちょっと高級マンションみたいな名前に決めました。子どもが自分の住んでいるところを隠さなければならないようではダメです。ここに住んでいると言えるところであるべきです。

もう一つの特徴として、施設の中に親子で暮らせる部屋を2部屋つくりました。いきなり親と子どもを分離せず、いったん親子で一緒に暮らせる空間を確保しています。精神疾患を患うお母さんには、フォローできる体制を敷き、食事が作れなかったら提供もしています。

一時保護した後、いきなり子どもを親元に帰すと、迎えに来たときは精神が落ち着いていても、そのあとで変調をきたす危険性があります。そういった親子には、いったん施設に併設した親子の部屋で暮らしていただき、しばらく様子を見て、親の精神状態に激しい起伏がなく、大丈夫だと確認した上で、家に戻っていただくことにしています。

できれば、子どもには親と一緒に暮らしてほしいものです。しかし、親元に帰した結果、子どもを死なせることになったら最悪ですし、リスクがあるから切り離すのも不幸です。中間的な支援により、できるかぎり子どもにとって望ましい方法を手探りしていくように心がけています。

里親100%を目ざして

明石では、2017年から「里親100%プロジェクト」を始めました。すべての子どもが家庭的な環境で生活することができるように、2019年の児童相談所開設後には、就学前児童の存在しているからです。障害者が暮らしにくいのは、社会環境の問題です。社会こそが「障害（障壁）」をつくっており、それを取り除くのは社会の責務というのが日本も締結した国連の「障害者権利条約」の考え方、いわゆる「障害の社会モデル」の考え方です。

社会課題を解決し、みんなが暮らしやすい社会にしていくのは、みんなの税金を預かっている行政の責務です。もちろん国も重要ですが、市民に一番身近な基礎自治体にこそ責任があります。つまり、車いすでお店に入れない人がいて、その段差を解消する責任は、市長である私にあると思っています。

街中の段差の解消は、車いすの方のためだけの施策ではありません。ベビーカーの親子や、お年を召した方など、広くみんなに役立つ施策です。

お店の入り口が入りやすくなれば、評判も上がり、お客さんが増え、売り上げ増など経済的利益にもつながります。みんなのお金でみんなのために、行政がきっちりと責任を果たすことで、市民も、お店も、行政も、みんなが笑顔になるまちになるのです。

胸を張って手話を使える社会に

学生時代、障害者の支援活動を通じて、ろう者を取り巻く環境がひどいことを知りました。手話を必要とする人が手話を使うことを禁じられ、言葉を奪われていたのです。１９９０年代頃まで、ろう学校でさえ、手話を禁止して口を読ませ（読話）、音声を出させる訓練をしていました。教師も手話を使わず授業をするので、生徒は授業の内容が全く分からないまま、座らされているだけというような状況の学校もあったくらいです。

１９９５年に司法試験に合格して司法修習生になった際、手話への理解を拡げていきたいとの思いから、司法研修所の修習生仲間に声をかけて、手話サークルを立ち上げ、ろう者の方々も招いて交流の機会を持ったりもしました。しかし、「弁護士や裁判官になるのに手話などいらない」と教官から言われ、始末書まで書かされました。ろう者と関わることはありますし、少しでも手話を知っておくほうがいいとの思いでしたが、当時はそんな冷たい状況でした。

それから20年近く経ち、今、市長として手話施策の充実化に走り回っています。全日本ろうあ連盟の協力も得て、「全国手話言語市区長会」を立ち上げ、事務局長として「手話言語法」の制定を国に働きかけたりもしていますし、足元の明石市においても、段階的に取り組みを進めているところです。

手話教室の様子（明石市立大観小学校）

まず、ろうあ者が適正に情報を得られていない状況を改善し、声をあげることができるよう、「手話言語を確立」するとともに、他の障害者も含めみんなの「情報コミュニケーションを保障」していくところから始めました。

その最初の手話言語条例の部分と、次の手話も含めた情報・コミュニケーション保障促進条例の部分、二つの段階を合わせた全国初の条例をつくったのです。

その条例の制定を受け「手話言語の確立」の観点からは、市内全小学校での手話教室の実施、職員の手話研修会や手話検定受験の助成、聴覚障害児とその家族への早期支援などを実施しています。

また、「情報コミュニケーションの保障」の観点からは、手話も含めた障害者の多様なコミュニケーションを促進するため、まず手話通訳士を2名、正規職員で採用しました。現在職員は7名となり、政策立案を兼務する職員もいます。

意思疎通支援者（手話通訳者・要約筆記者）派遣事業の要綱も改正し、派遣制限をほぼなくしました。手話でも文字でも利用できる電話リレーサービスや、市役所に手話や文字で電話がかけられるシステムも導入しています。

全国の自治体で初となる手話フォンも交通結節点の明石駅前に導入し、成田空港や羽田空港を上回る利用実績が続いています。

加えて、市からの郵便物の点字化や、市の資料の「わかりやすい版」を作成することなど、きめ細やかな取り組みを進めているところです。

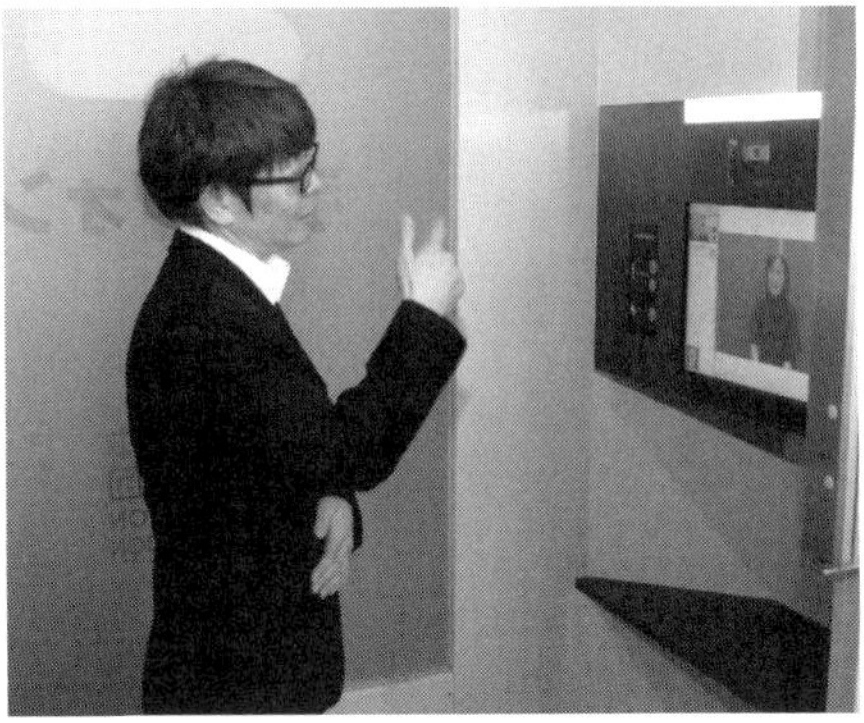
手話で通話できる公衆電話「手話フォン」

ろう者の市議会議員誕生

条例策定の検討委員には、先天性のろう者の家根谷敦子さんもいました。家根谷さんはその条例をつくる中で、これからの明石のまちづくりに関わりたい、自分も役割を果たしたいと、市議会議員への立候補を決意したそうです。

「耳が聞こえないのに議員の仕事ができるのか」という心ない声にも怯《ひる》まず、手話による演説で「明石を変えたい」「障害者の代表ではなく、市民の代表になる」と訴え、2015年4月、統一地方選挙で見事当選となりました。全国初の先天性ろう者の市議会議員の誕生でした。

家根谷さんが他の議員に負けないくらい勉強し、市民の代表として活躍していることは、今や誰もが認めるところとなりました。戸惑っていた他の議員の見る目が「頑張っている家根谷さんは、自分たちの仲間や」に変わり、口コミで市民にも伝わり「聞こえなくても仕事ができるらしい」と評価が変わりました。

まさに一人の当事者の勇気がまちを変えたのです。それまで無理と思われていた議員活動が、ろう当事者にもできると身をもって証明したのです。明石市議会の議場では、常時、手話通訳者がいるのが今やあたりまえの風景となりました。

家根谷さんの当選直後、テレビ局からコメントを求められ、私は思わず「(家根谷さんを当選させた)明石の市民を誇りに思います。」と口にしたのを覚えています。

当事者が主人公

次の段階では「障害者配慮条例（明石市障害者に対する配慮を促進し誰もが安心して暮らせる共生のまちづくり条例）」を制定しました。国の障害者差別解消法と異なり、「差別解消」ではなく、あえて「配慮促進」の文言にしています。

条例の策定で強く意識したポイントが三つあります。当事者が主人公であること。当事者が障害の種別を超えて仲良くなること。そして、まちの理解を得ることです。

「Nothing about us, without us.（私たち抜きに、私たちのことを決めないで）」。国連の障害者権利条約の策定過程で使われたこのスローガンは、まさに当事者の思いを代弁しています。

条例の検討委員会のメンバーには、当然さまざまな当事者が加わり、一堂に会し、直接意見交換することで、異なる障害の当事者の間でも相互理解を深める大事な機会となりました。

市の担当者も全国公募の結果、内閣府で障害者差別解消法の実務を担っていた車いす使用者の方に決め、東京から引っ越して来てもらい、障害当事者自らが障害者施策をつくる体制を採りました。

換し、地域のみんなで、支援が必要な人をきっちり支えていける制度を明石市独自でつくっていく方向に切り替えています。

同じく２０１８年には、子ども、障害者、高齢者を一緒に地域で支援していく地域総合支援センターを市内６か所に開設しました。

専門職による総合的で幅広い相談体制を整え、個別訪問にも対応し、ここを拠点に、地域福祉のあるべき姿を実現しようとしています。

支える場所が地域であれば、より早く、より手厚い支援ができます。高齢者とあわせて子どもや障害者も支援をしたほうが、家族全体の支援になり、総合的な支援につながります。コストも安く済むのです。本来、厚生労働省が制度設計すべきことを、明石市が先行して始めているのです。

被害者支援と更生支援は車の両輪

犯罪被害者と加害者、相反するようですが、私の中では分かちがたく結びついています。どちらも子どもや障害者などと同様、支援が必要なのです。

明石市は全国に先駆け、「犯罪被害者支援」と、罪を犯した人の「更生支援」に取り組んできました。障害者支援だけでなく、犯罪被害者支援も、更生支援も、市のセーフティネットの施策の柱です。

こうしたテーマに関心を抱くきっかけは、弁護士時代に直面した日本の現実です。まだ駆け出しの頃、愕然《がくぜん》としたことがいくつもありました。

一つは、離婚のときに子どもの声を聞く人が誰もいないことでした。子どもにこそ弁護士がつくべきでは、と思ったものです。

また、犯罪被害者を放置していることにも大いに驚きました。殺人事件などを担当し、被疑者側の弁護士としてご遺族のお通夜に行くこともよくありましたが、被害者遺族の側には誰も相談する人がいない状態だったのです。法律の知識もなく、何をしていいか分からない状態で放置されていることに怒りすら感じました。

日本では当時、裁判のときに被害者遺族が法廷の中に入れず、いったい誰のための裁判かという状況でしたが、他の国では一定程度、被害者側が意見表明をできるようになっていました。その頃から、犯罪被害者には、寄り添う人がいて然るべき、それは公が担うべきだとの考えです。

さらに触法障害者の多さにも大変驚いたものです。刑事弁護を担当していると、明らかに知的障害がある人が、それに気づいてもらえず有罪判決を受け、刑務所に服役していました。そして

郵便はがき

料金受取人払郵便

神田局
承認

7846

差出有効期間
2024年6月
30日まで

切手を貼らずに
お出し下さい。

101-8796

537

【受 取 人】

東京都千代田区外神田6-9-5

株式会社 **明石書店** 読者通信係 行

お買い上げ、ありがとうございました。
今後の出版物の参考といたしたく、ご記入、ご投函いただければ幸いに存じます。

ふりがな お名前	年齢	性別

ご住所 〒 -

TEL ( ) FAX ( )

メールアドレス	ご職業（または学校名）

＊図書目録のご希望 □ある □ない	＊ジャンル別などのご案内（不定期）のご希望 □ある：ジャンル（ ） □ない

書籍のタイトル

◆本書を何でお知りになりましたか？
□新聞・雑誌の広告…掲載紙誌名[ ]
□書評・紹介記事……掲載紙誌名[ ]
□店頭で □知人のすすめ □弊社からの案内 □弊社ホームページ
□ネット書店 [ ] □その他[ ]

◆本書についてのご意見・ご感想
■定　価 □安い（満足） □ほどほど □高い（不満）
■カバーデザイン □良い □ふつう □悪い・ふさわしくない
■内　容 □良い □ふつう □期待はずれ
■その他お気づきの点、ご質問、ご感想など、ご自由にお書き下さい。

◆本書をお買い上げの書店
[市・区・町・村 書店 店]

◆今後どのような書籍をお望みですか？
今関心をお持ちのテーマ・人・ジャンル、また翻訳希望の本など、何でもお書き下さい。

◆ご購読紙 (1)朝日 (2)読売 (3)毎日 (4)日経 (5)その他[新聞]
◆定期ご購読の雑誌 [ ]

ご協力ありがとうございました。

ご意見などを弊社ホームページなどでご紹介させていただくことがあります。 □諾 □否

◆ご 注 文 書◆ このハガキで弊社刊行物をご注文いただけます。
□ご指定の書店でお受取り……下欄に書店名と所在地域、わかれば電話番号をご記入下さい。
□代金引換郵便にてお受取り…送料+手数料として500円かかります(表記ご住所宛のみ)。

書名	冊
書名	冊

ご指定の書店・支店名	書店の所在地域 都・道 府・県 市・区 町・村
	書店の電話番号 ( )

再犯を繰り返し刑務所リピーターになっていました。これは本来、司法ではなく福祉が対応するべきテーマのはずです。この思いが罪を犯した人の更生支援施策につながっていきます。社会の理不尽さへの強い憤りが私の出発点です。

犯罪被害者支援有識者会議

極端にいえば、犯罪被害者をなくすには誰も被害に遭わないようにすればいいのです。被害者を生まないためには、加害者を出さないことです。それには現在の高い再犯率をどう下げるかが課題です。一度罪を犯した人が、再び罪を犯さないようにする。あるいは、再犯までの期間が少しでも長くなり、犯す罪が以前よりも軽微になれば、被害者の数が減り、被害も軽減されます。

しっかりと更生支援をすることは、再犯防止になり、ひいては犯罪被害リスクの低減になります。

被害者支援と更生支援、この二つは誰もが安心して暮らせるまちづくりのための車の両輪であり、両方とも社会がしっかりと取り組むべきテーマです。どちらか一方が大事で、どちらかが欠けてもいいというものではないと思っています。

日本社会はこれらの問題に、いまだにしっかりと向き合えていません。

当事者目線の犯罪被害者等支援

明石市の取り組みは、自治体でできることはすべてやる総合支援です。居住の安定につながる家賃補助や転居費用補助など経済的な支援、育児支援、介護支援、家事のヘルパー派遣など日常生活の支援、弁護士による法律相談、臨床心理士による心のケアなど、さまざまな支援を条例に盛り込み、幅広い総合的な支援を行っています。

全国初の損害賠償金立替制度もつくりました。裁判で賠償金の支払いを命じる判決が出ても、実際に全額が支払われることはほとんどありません。加えて、支払わない加害者に対し、誰も取り立てをせずに放置されてきました。

そこで、市が被害者遺族から損害賠償請求権を譲り受け、300万円を上限に「立替支援金」として支給し、代わりに加害者から求償するという制度を全国で初めて導入しました。さらに、賠償請求権が時効などで失われるのを防ぐため、その後の条例改正で再提訴の費用を補助する制子どもの頃から本が大好きでした。暇さえあれば駅前の本屋さんで立ち読みをしていました。本は単なる紙の集合体ではありません。本を通して遠い昔の人とつながり、国を越えてさまざまな人と出会い、未来を想像することができるのです。

他人の痛みや悲しみを知るのは難しいことですが、想像力の架け橋で、ある程度は理解し、近づくことができると信じています。他人の気持ちに共感できる豊かな心の架け橋を築いてくれるのが、私にとっての「本」なのです。

紙離れ、活字文化の衰退といわれますが、本は自分以外の他者に思いを巡らし、他人の気持ちを慮《おもんばか》るやさしい心を育み、豊かな、生きる力を与えてくれます。IT化が進み、現実の人と人との関わりが変化していくなかで、むしろ本の必要性は一層高まっていると思います。本はまさに想像力であり、勇気の源です。そんな本の世界が本当に大好きで、いつか市長になって明石を本のまちにすることを夢見てきました。「本のまちづくり」を実現するために市長になった、と言ってもいいほどです。

本のまちをつくることは、やさしいまちをつくることに深く結びついています。お互いに理解し合う気持ちが共生社会を築いていくのです。明石をやさしいまち、健やかな思いやりのある空間にするために、本はなくてはならない大切な存在です。

駅前に本の拠点をつくる

以前の明石市立図書館は、１９４７年の市役所内市民文庫から発展し、１９７４年、明石城跡を整備した明石公園内で、兵庫県立図書館と同時に開館しました。自然豊かな公園内ですが、坂の上にあり、駅から徒歩10分ほどの距離は、高齢者や体の不自由な方には行きにくい環境にありました。

この遠いところにあった市民図書館を、駅のすぐ南側、駅前広場に面した一等地に移すことにしました。

さらに同じビルの2階には大型民間書店のジュンク堂書店に入ってもらい、同じ建物に官民の本の拠点がセットでそろうようにしました。５階の子育て支援センターにも子どもたちの大好きな本を置いてあり、ビル全体が本の空間になっています。手を伸ばせばどこにでも本がある、というコンセプトです。

しかし、当初の案はそうではありませんでした。私が市長に就任する前の再開発の計画段階で最初に外されたのが、まさにその大型書店だったのです。本屋さんなどは床単価が安くて採算が合わない、という理由からです。有力なのはサラ金、パチンコ、ゲームセンターなど、床単価の高いテナントだったのです。

幸い私は着工する直前に市長になりましたので、公約にも掲げた市民目線のまちづくりの観点から、従来とは発想の転換を図り見直しを行いました。

床単価が高い所は利便性が高いのです。そこに多くの市民の日常にふさわしい「本」と「子ども」の施設をもってくることに決めました。サラ金、パチンコ、ゲームセンターなどではなく、大型書店にラブコールを送り、まちの顔として入ってもらったのです。

最初は非常に強い反対がありました。大型の民間書店と公共図書館の共存を疑問視する声もありました。ただでさえ書店は経営状況が厳しい時代です。図書館の存在は追い打ちをかけるのでは、との懸念です。そのことを図書館の専門家の方々に尋ねたところ、「共に人気が高まり繁栄しますから、お勧めします」と言っていただき、自信をもって前に進めました。

新たな図書館は、本の数は旧図書館の2倍、座席数は3倍、一般書エリアの面積は4倍に拡大し、2017年に駅直結の再開発ビルの4階にオープンしました。市民図書館の蔵書数は約60万冊、

明石駅前に設置した「あかし市民図書館」の館内

ジュンク堂書店が約40万冊です。これほど大型の公共図書館と民間書店が同居する場所は他に例を見ません。

実際にオープンして、本好きが集まる空間になり、相乗効果が上手く働いていると感じています。今では相互連携により、お互いの蔵書を検索できるようになっています。どうしても読みたい本が図書館で貸出中であれば、検索して書店で買うことができます。逆に書店で品切れや絶版の本でも、検索して図書館にあれば、すぐに借りることができます。

他にもよく読まれている本の情報を共有しており、今後はさらに連携を高めて「本のまち」を充実させていく段階に入りました。

本で会話がはずむ空間

図書館で大切なのは、建物の立派さでも、蔵書数の多さでもありません。「本のまち」を担っている人、つまり図書館長や司書をはじめとした図書館員こそが重要なのです。

以前の市民図書館では、子どもが本を借りようとしているのに、カウンターの人が横を向いているという光景を目にしました。子どもが本を差し出したら、にっこり笑って「この本ね、こんなお話だよ」とか、本を返すときには「この本良かった？」「ほかにこういう本もあるよ」などと、本についての会話が広がる図書館にしたいと思っていました。

現在では、利用者が棚を見ていたら図書館のスタッフが声をかけたりしています。「声をかける図書館に」、と私も事あるごとに言い続けています。市民からも非常に親切な図書館という印象を持たれているようです。

市民の調べもののお手伝いでも、司書が丁寧に対応しています。郷土資料室といえば、普通は奥まった別室の場合が多いですが、明石の「ふるさと資料コーナー」は一般書のエリアの一角に設置しました。仕切り壁もなくし、オープンな空間です。

加えて館内での企画展示やイベントは、知らずに来館した人にも興味をもってもらえるよう工夫しています。あえてざわめきが聞こえるよう、館長の発案でパーテーションなしで開催しているのです。

図書館ではやはり、本についての会話ができたほうがいいと思っています。自分の読んだ本について会話することで、交流が生まれ、世界が広がります。図書館の職員も含めて自分の感動を人に伝えたり、お互いの感想のキャッチボールができる雰囲気づくりを目ざしています。

本でまちは活性化する

他の市から新図書館の視察に来られたとき、皆さん「来ている市民の層が広い」と口々に言われます。たいていの公立図書館の館内は、ご年配の方が、なんとなくうつむき加減で座っているイメージです。しかし、明石の図書館には、子どもも、お母さんも、サラリーマンもいる、本当に幅広い層がいると驚かれます。

同じビルの５階、６階に、大型遊具施設のある遊び場や、母子検診等を行うことも健康センターがありますから、そこを訪れたついでに、４階の図書館に立ち寄る方が多いようです。もちろんお孫さんを連れたおじいちゃん、おばあちゃんも来ます。県下有数の乗降客が行き来する便利な明石駅前にあり、学生や仕事帰りの方々など、みなさん気軽に図書館に立ち寄ることができ

今ではまちのみんなに受け入れられ、市民の日常生活にしっかりと位置づいています。批判的な立場を取っていた人からも、高く評価する声が聞こえています。市議会も非常に好意的で、「本のまち」明石のまちづくりの推進に向け、確かな手応えを感じています。

明石では地方創生の目標、明石のトリプルリーの一つに「本の貸出冊数・年３００万冊」を掲げ、あらゆる層が本に親しめる環境を整備しています。総人口、赤ちゃん出生数、本の貸出冊数の三つの成果指標に代表される「ひと」と「文化」の取り組みが、いま明石が目ざすまちづくりです。

「子どもを核としたまちづくり」も「やさしい社会を明石から」も、その根底にあるすべての理念は同じです。すべての政策が、すべての人に寛容なインクルーシブ社会へ向けたまちづくりにつながっています。

誰も置き去りにしない、すべての人にやさしいまちづくりのベースとなるのが明石の「本のまちづくり」の取り組みなのです。

「いつまでも、みんなで、助け合おう」。このことがまちを発展させ、選ばれるまち、住み続けたいまちにつながります。明石では実際に人口が増え、地域経済の振興につながり、まちの好循環が生まれています。目に見えるかたちになり、大きく拡大しています。持続可能なやさしいまち、この土台を将来に渡って支えていくのが、市民一人ひとりの心のバリアフリーの深まりであり、私のかねてからの思い、みんなでつくる「本のまち、明石」の目ざすところでもあるのです。

第5章　発想の転換による自治体経営

昨日までと同じ明日はありません。明日は自らがつくるものです。そして、となりの人と私は違う人間です。となりのまちと我がまちは違うのです。となりのまちと同じことをしなければいけない、同じことをすれば足りるという考えは、大きな勘違いです。根本的に発想を変えなければいけません。

前例主義と横並びの意識がいまだに日本中に蔓延《まんえん》していて、足かせになり、硬直化した自治体経営を漫然と続ける結果、市民や時代のニーズに応えることを困難にしています。

お金がない、人がいないと言いますが、漫然と施策に予算をつぎ込み、しなくてもいい仕事を職員に任せているから、財政難になり、人手が足りなくなるのです。

こうした分野の予算を削れば、お金は出てきます。優先すべき施策に先に予算を確保し、それ以外のお金は、本当に必要な施策から順番に予算をつければいいだけです。そうすれば、人もあまってきます。

重点分野に人を異動し、次の他の分野にも順に職員を配置すればよいのです。職員がそこに配置されていることを理由に、漫然と従来の業務を続けるようでは、お金も人も、いくらあっても足りなくて当然です。

必要なのは発想の転換。そして、それを実行する強い意志と行動です。

広く世界に我がまちを位置づける

私は自分のまちの行政区だけではなく、もっと広い範囲を意識しています。明石の高校生も毎年のように東京の大学に行くという現実があるのです。その後地元に帰ってくるかどうかも含めて広く長く意識しています。自分の市域の地図だけでなく、日本国内、少なくとも東京までの地図は、しっかりと見なければなりません。もちろん関西全域は必須で、大阪、京都、奈良ぐらいまでは範囲内と考えています。そこから観光客が訪れますし、引っ越してくる人がいるのです。

その中に明石市を位置づけてみれば、フルパッケージの施策は必要ないことが一目瞭然です。

交通網が発達し、東京は日帰り圏となり、情報化も進むなか、単独の自治体の行

関西圏における明石市の位置

政区域だけで物事を考えても意味がありません。単独ですべて賄うという発想ではなく、広い圏域に我がまちをどう位置づけるかが重要です。海外とのつながりも日常のことですから、当然、世界地図も視野に入ります。

江戸時代に城下町だった名残か、明石藩の時代と同じ感覚で、一つの行政区域ですべてを担わなければいけないという思い込みから、商業、工業をはじめフルパッケージの施策を求める声もあります。

しかし、明石のような海沿いの狭いまちが単独で大企業誘致をするのは無理があります。「働く」なら大阪、神戸が存在するのです。娯楽や観光は、京都、奈良の名所や大阪のUSJがあります。明石が単体で観光や産業などを含めたフルパッケージの政策を漫然と続けることは、今の時代、もはや合理的とは思えません。

市民の生活圏や周辺地域の特性も踏まえ、現実的な役割分担を容認し、ある分野は周辺地域に委ねる。明石の強みと限界をしっかり認識した上で、独自の施策展開をするほうが現実的です。

全国各地で、我がまちですべてをやらなければ、という「思い込み」から脱し切れていないのではないでしょうか。だから中途半端に政策体系を維持するだけになり、特色ある有効な施策を社会は成り立ってきたのでしょう。
しかし、状況は大きく変わり、従来のままの方式が続けられる時代ではなくなりました。

四つの要素はすべて変化した

最も大きな影響は人口減少と財政難によるものです。これまでは10の仕事に10のお金が確保できていました。仕事が11に増えれば、国が11のお金を用意しました。増えた仕事の財源と設計図が用意できたのです。

ところが右肩上がりの時代が終わり、人口は減り、財政が厳しくなると、国は10の仕事に10のお金を用意できません。すると、9のお金を渡し、お願いする仕事は5だけで、あとは地方のほうで判断を、とならざるを得ません。

明治維新から続いてきた、財源の裏付けをもって中央政府が命令を下し、全国一律に仕事をさせるシステムが成り立たなくなっているのです。

地方の裁量、判断と言われるのは、裏返せば国が自治体にお金を渡せないということです。渡せないので最低限のことだけを決めて、あとは地方で、と言わざるを得なくなったのです。右肩上がりの時代が終わり、財源の裏付けができなくなり、もう元には戻りません。

あわせて、全国どこでも同じ制度設計に基づいて取り組む必要性も薄れました。むしろ各地域の人口構造、産業構造など、特性や実情に応じた施策展開へとシフトしています。道路や港湾に莫大な税金を費やす時代ではなく、新設から維持管理、ハード整備からソフト運用へと次の段階に移っているのです。

地域のセーフティネットも崩れました。産業構造が変わり、漁業、農業中心の社会ではなく、村社会の所得保障は成り立ちません。大人数の中で力仕事だけをしていればいい時代ではなくなり、障害者もサラリーマンとして稼がねばなりません。しかし、雇用主・被雇用者の関係にある労働環境では、障害者の所得保障は困難です。社会全体で生活保障をしなければならない時代なのです。

一人親家庭もそうです。兄が死んだら弟がその嫁と再婚するような社会はとっくにありません。かつての大家族制が途絶え、「公」による支援が必要なのです。

かつての日本社会は、「法は家庭に入らず」「民事不介入」、行政や権力は、家庭の問題に関わらないほうが望ましいという価値判断をしてきました。

これは世界でも珍しいことです。これが成り立っていたのは、実質的に地域社会、大家族が小さな国家のような存在で、セーフティネットを張っていたからです。

それが崩れ、法は家庭に入らざるを得ません。民事不介入のままでは子どもの命が危うく、実際に事件も起きています。公が家族や個人に直接的に関わる時代が到来しているのです。

2000年には介護保険制度がスタートし、児童虐待防止法も制定されました。それまで、介護や児童養護などは、あくまでも「民」の領域、プライベートな問題でした。それが社会化され、「公」の問題に変わりました。

この時を境に、個別救済、一人ひとりの市民ニーズに、ようやく行政が向き合う時代が始まったというのが私の認識です。行政が責任を果たすべき時代はとっくに来ているのです。

明治維新以降の右肩上がりの時代に有効であった全国一律の制度設計、ハード整備の必要性が薄れ、地域社会のセーフティネットも崩れ、地方のことは地方に任せるほうが望ましい時代に変わりました。

国にお伺いを立て、都道府県から市区町村へと指示された仕事を粛々《しゅくしゅく》とやる時代はすでに終わりました。どちらが「上か下か」ではなく、どちらが「住民により近いか」へ、発想の転換が必要です。お上に従う文化から、市民により近いところで責任を負う文化の時代が来ているのです。

住民に一番近いのは市区町村です。最も遠いのは国です。地域特性を踏まえず、ただ従うだけの時代ではありません。最も住民に近い市区町村が、しっかりと住民ニーズに向き合い、行政目線でなく住民目線で、地域に即した施策を実施することがまちの未来に望ましいことなのです。自治体に求められる仕事の仕方も、これまでとは明らかに違います。漫然と指示を待つのではなく、むしろ自ら現場に行き、ニーズを捉え、そのニーズに即した対応を柔軟かつ迅速に行っていくことこそが求められているのです。

リアルな標準家庭像を持つ

認識に大きなずれがあるのが、いわゆる標準家庭のとらえ方です。

たとえば厚生労働省などが示してきた標準家庭像は、『お父さんはバリバリ働き収入安定、お母さんは専業主婦で時間に余裕。子どもは二人、男の子と女の子で、ともに元気で明るい子、しかも家族はみんな仲良し』みたいな家庭です。「そんな家族、どこにおるねん」と関西弁で突っ込みたくなります。高度経済成長の直前、農村漁村社会から都市型サラリーマン社会への移行期に描かれた旧い家族像です。しかも性別役割分担が色濃く反映された旧い意識のモデルなのです。

実際に存在するかもしれませんが、いまだにこんな前提で福祉行政をしているのが、そもそもの間違いです。今の実情とかけ離れた古い価値観でもあり、これらがすでに大きく変化してしまったのが、現在の社会です。総中流意識から格差社会へと言われるなか、標準家庭像が今の現実とずれているので、いまだに法は家庭に入らず、行政は関わらずに何もしないほうがいい、ということが続いてしまうのです。

私の標準家庭のイメージは、こうです。『お父さんは収入不安定で、たまに暴力。お母さんはパートを打ち切られ、心を病みかけ。子どもは不登校がちで、しかもネグレクト状態。家の奥にはおばあさんが半分寝たきり。生活費として借りたサラ金の返済に追われ、生活困窮。』

実際のところ、弁護士時代にそのような家族からの相談を毎日のように受けてきました。家族で支えきれず、助けを求めている家庭は、問題が一つの分野にとどまらず複合するケースが多いのです。

この家庭の支援には、お母さんの就労支援も精神的な心のケアも要ります。子どもへの支援、おばあさんの高齢者支援も要ります。お父さんへのサポートや、家族の生活支援も必要です。この五つをパッケージにしてこそ、それぞれが有機的に機能する支援になります。このため、縦割りではなく連携して取り組む、これが総合支援的な発想です。

「公」が家庭を支えることは、個別の市民ニーズに応えることにもつながるという考え方を、明石ではかなり徹底させてきました。それぞれの状態に応じた有効な支援を市民が適切に受け取ることができるようにするためにも、発想を転換し、リアルな標準家庭像を持つことは、絶対に必要なのです。

国に頼らない自立した財政

個々の市民ニーズに応えるには、財政の問題を避けては通れません。要は、市民から集めたお金を、誰が、どう使うかです。

もし人が個々単独のままで成り立つ社会があれば、それは弱肉強食の世界です。しかし現実の世界は、それぞれ応分の負担を伴いながら、みんなで支え合う社会として成り立っているのです。人は一生「個」だけで生きていけるわけではありません。子ども時代が大変長く、産まれる前から親や周りの支援なくして生きられないのです。ですから助け合いが発達し、誰もが支え合いの中で生きているのです。

みんなで支え合う社会は、負担をどうするか、が重要なテーマです。誰から、どのように出し

「公」を担う心のあり方として、ずっと昔から自分に言い聞かせている言葉を紹介します。「必要なのは、やさしさと賢さと、ほんの少しの強さ」。

これはチャップリンの『ライムライト』の中の台詞、「人生に必要なのは、勇気と、想像力と、ほんの少しのお金」をもじったものです。すごく気に入り、いろんなところで披露しています。

「やさしさ」は、想像力です。誰かの痛みに寄り添える想像力を、私はやさしさと呼びます。役所の目線ではなく、市民の立場に寄り添い、市民の目線からものを見る力です。いくら頑張ったところで、他の市民と同じ人間にはなれません。また、職員が会うのは、ノイジーマイノリティが多く、特定の層とばかり接していると本質を見失います。ですから、想像力の翼を広げ、サイレントマジョリティの目線で働く想像力を持つよう、いつも言っています。

「賢さ」は、本質を見極める力です。国に漫然と従う時代ではありません。自分の地域の市民の立場に立ち、自分で判断しなければなりません。その制度の本質や現状、時代の状況をちゃんと見極め、現場対応することができる賢さが必要です。まさに本質を見抜く力です。

「ほんの少しの強さ」では、「ほんの少し」がポイントです。人は強くはありません。しかし、ほんの少しの強さなら誰でも持てると思うのです。
「強さ」は、社会や制度を変えていく勇気です。解決に向き合う力、困難から逃げないことです。自分が市民のためと思っても、周囲の理解が得られないかもしれません。でも、すぐにあきらめず、仲間を増やし、市民のため努力を重ねること、それを私は強さと表現しています。

よく「裸の王様」を例に説明します。王様自身が綺麗な服を着ていると信じ込んでいるので、みんなは裸だと言えず、誉めそやします。しかし、子どもだけは見たままに「王様は裸だ」と言ってしまいます。

本当のことをそのまま口にすると、その子だけでなく家族も捕まるかもしれません。行動には「やさしさ」と「賢さ」が必要です。目に見えた範囲だけで判断して動くのではなく、「王様の衣装はお綺麗ですが、いつもお召しでは汚れますので、しまっておかれてはいかがでしょう」と、恥をかかさないよう上手に諭《さと》し、その場を収めて解決するのです。王様の立場に寄り添うと同時に、困惑した市民の弱さも理解する賢さを持つのが「強さ」です。

難しいことかもしれません。でも、人の弱さや悲しみを含めた強さこそ、本当に求められると思います。「やさしさと、賢さと、ほんの少しの強さ」。私がこれまで大切にしてきた言葉であり、これからも大切にしていきたい言葉です。

対談　オール・フォー・オールのまちはつくれる

［泉　房穂
井手英策］

井手英策（いで・えいさく）慶應義塾大学経済学部教授［写真右］
1972年生まれ。東京大学大学院経済学研究科博士課程単位取得退学、博士（経済学）。専門は財政社会学、財政金融史。著書に『財政赤字の淵源』（有斐閣）、『経済の時代の終焉』（岩波書店）、『分断社会を終わらせる』（共著、筑摩選書）、『18歳からの格差論』（東洋経済新報社）など。

泉房穂（いずみ・ふさほ）明石市市長［写真左］

必要充足型社会のトップランナー・明石市

井手　市長が「貧困対策はしない」、「弱者救済をしない」と仰っているのを知ったときは驚きました。日本中でそんなことを言ってるのは自分だけだと思っていましたし、ものすごく叩かれるのがわかっていましたから。それを体を張って実践されているというのはまさに衝撃的でした。

ご縁があってここ最近、市長とお仕事をさせていただくようになり、行政の現場を拝見したり、お話を伺ったりしてつかんだ明石市の凄さを、私なりに次の三つにまとめてみました。

まず一つ目は、市長ご自身が仰っている「普遍性」です。誰かではなくすべての人たちへ、という目線です。中間層も、経済的な弱者も、障害者も、そして犯罪を犯した人も、とにかく幅広くすべての人々という発想を持っておられる。

二つ目は「効率性」。経済の効率性ではなく、質的な、社会的な効率性です。行政サービスをいかに安く提供するかではなく、住民のニーズをとらえ、それをどう適切に提供していくかという意味で、非常に効率的な行政だと言えます。シーリング予算をお止めになり、優先順位31位以下は切るなど、プライオリティ予算を実行されているのもその一つ。しかも現物給付を重視されている。現金給付ではもらえる人・もらえない人の社会的な対立が生まれますが、みんなに現物給付をするやり方は、対立を消していくという意味でも、社会的にすごく効率性が高いと言えます。

三つ目は「収益性」です。日本人は経済成長、お金儲けを目的にしがちですが、明石市はそうではなくて、普遍性や効率性を追求していくと、結果的に経済が伸びていく。つまり、経済が目的から結果に変わったというのが、すごく大きな点です。人口、税収などの増加は、それ自体が目的ではなく、普遍性・効率性を追求していった結果です。それが地域の活性化にも結びつき、地域のみんなが支え手になり、支えられる側にもなり、それが収益を生み出していく。

これは日本社会が前提にしてきた価値の大転換だと思うんです。選別的にやるというのを普遍的に変え、経済的効率性を質的・社会的な効率性に変え、目的だった収益を結果としての収益に変えていく。そうした今まで気づかなかったモデルこそが、日本人のいま一番求めているものを、ことごとく実現していく可能性がある。そこにすごく共感を覚えます。

人類の歴史を見ると、危機の時代には必ず人間は支え合ってきました。支え合わないと生きていけないのが危機の時代です。21世紀は世界的に人口が減り、経済が停滞していきます。もうこれ以上人々の欲望を満たそうにも限界がある。欲望はひとまず置いといて、生きるため、暮らしていくために必要なものを満たしていく、欲求充足型から必要充足型の社会に変わっていかざるを得ないときに、その最先端の行政のあり方、地域のあり方をお示しになっている。

〈共感〉を〈共在感〉に変えるために

らと説得し、600億は白紙撤回して、子どもの保育料無料化などに予算を回しました。

井手　行政の職員は、たとえば審議会とか議会で、もう決まったから変えられませんと仰るけれど、それは悪意のない思い込みであって、市長がその気になれば、変えられるということですね。

泉　そうです。もう一つは公営住宅です。明石市は、県営住宅が大変多いエリアなんです。すでに公営住宅は他のまちに比べても相当量があります。にもかかわらず、公営住宅をつくるエネルギーが働くんです。もちろん低廉《ていれん》な住まいを提供できますから、市民にとってプラスですが、多大なる建設費用、維持管理費は馬鹿になりません。一方では空き家もあるわけです。そこで、決定していた公営住宅の建設計画を白紙撤回し、今後はもう増やさず、シェルターとかグループホームとか、公共性の高い使い方をしていく方針に変えました。残念ながら公共事業関係の方々からの賛同は得られませんでしたが。

井手　そうでしょう。下水道であれ公営住宅であれ、土建業界は怒り狂いますよね。それでも選挙に勝てるというのは、下水道も土建業も大事だけど、サイレントマジョリティというのか、より大勢の人たちにとっての幸せを考える、全体にとっての幸せを考えているからですか。

公共事業にお金を出さない、選ばれるまちをつくればいい

泉　収益性にもつながりますが、要はお金儲けさせるために税金を注ぎ込むのではなくて、暮ら

しやすいまちをつくれば、結果的にお金儲けはできるという発想なんです。確かに公共事業は減りました。しかし、少しタイムラグはありましたが、今や明石はどんどん転入者が来て、新築ラッシュです。マンション、家が建ち続けています。建設業界は大忙しで、大変羽振りがよくなっている。つまり、公共事業にお金を出さなくても、ちゃんと暮らしやすい選ばれるまちをつくったら、どんどんそのまちが潤ってくるのです。民間需要のほうが当然実入りがいいですし。

井手　今のいいですね。公共事業にお金を出さなくても選ばれるまちをつくればいい。

泉　商店街もそうなんです。なかば所得保障的に補助金を出すのは間違った考え方です。商いというのは、知恵と汗を活かしていただいてこそ回るものです。そこに補助金を投入するようなことを続けていっても、お互いにとって不幸です。そうではなく、飲食店であればバリアフリー化のお金を出す。すると障害者も入りやすくなり、あの店は入れるよとか、優しいよとクチコミが広がります。レジの横に置く一つ3000円の筆談ボードの助成をするだけで、ろう者は私たちが行っていいんだと思い、これまで買わなかったケーキ屋さんに行き始めます。店の評価が高まり、客も増え、もうかり始めるんです。当初は1年間10店舗ぐらい新しい飲食店ができたらという目標でしたが、2017年は24店舗です。つまり、補助金で商店街を活性化するのじゃなくて、バリアフリー化とか、入りやすい店作りのかたちで協力していったほうが結果的にいいんです。

井手　やっぱりニーズなんですよね。障害者のニーズがあったり、あるいは、そこに人が住もうとすると住宅というニーズが生まれてくる。そのニーズをうまく満たしていくと、それは経済に結びついていくということですね。

泉　本当に明石が今変わってきたのは、飲食店とか商工会も一緒になってこのテーマに取り組み、条例づくりをやってきたからです。最初は戸惑いがあっても、筆談ボードを市の助成で置けばいいんだとか、スロープで段差を解消すればいいんだとか、障害者に関わるのは難しいことではないとわかってくる。最近は、障害者への対応の研修を市がお金を出しながらやっています。そうすれば店員さんも戸惑うことなく、普通に接客できるようになります。

大事なのは商売繁盛に向けて直接的に税金を注ぎ込むのではなく、結果において商売繁盛になるように、その課題というものを共に解決していくという発想の転換です。

井手　確かに、本来、金儲けの手助けをするのが行政の仕事ではないのに、実際は公共事業だなんだと、金儲けの種をどんどん蒔《ま》いてきました。そこは私もおかしいと思います。市長は障害者とか、子どもたちとか、そういう弱者目線がある一方で、商売人はちゃんと汗をかけとか知恵を出せとか、厳しい面もセットになっているのがなんともユニークです。行政がやるべき領域と、やるべきではない領域と、その線引きが上手なのかもしれないですね。

ここで少し意地悪な質問をしますが、近隣窮乏化政策ではないですけど、明石市が伸びていることと、周りが沈んでいくことはセットではないかという疑問は、当然出てくると思います。それはどうお考えになりますか？　逆に明石の取り組みを、周りの自治体もひっくるめてやっていけば、出生率そのものが上がっていくのではないかという気がします。

泉　明石市が政策を打ったのは６、７年前でしたが、すぐには効果が現れせんでした。少し浸透して翌年ぐらいから人口が下げ止まり、その後４００人、５００人と増え始め、２０１７年は２３８０人増までできました。２年遅れぐらいで出生数が上がり、出生率も上がってきて、２０１８年に入って勢いが加速しています。兵庫県全体の出生率は１・４ぐらいなのに、明石市は１・６まで回復し、まだまだ上昇傾向です。産む層が増え、産む率も増えていますから、赤ちゃんの数は当然増えていっています。この好循環は、単に周りとの人口争奪の結果ではないと思います。

　二人目も産みたいのに、産めないのが経済的理由というのは、社会として不幸なことですから、そこにてこ入れをすればよく、明石市だけでなく他のまちもやればいいことです。

井手　たとえば過疎地域や中山間地域が、同じことをやる必要はないと思うんです。人口を増やすことではなくて、違った意味でのクオリティ・オブ・ライフでもいいし、別のことを追求していくという多様性があっていい。でも、明石市のようにある程度人口がいるところは、周りの基礎自治体もひっくるめて、全体のパイが増えるような政策をやっていくべきだと思います。

泉　都心部からかなり離れていても、子育て層の移住とか、子どもが増えたりしているところももちろんあります。それは暮らしやすさの価値観にも依ります。全く同じである必要はありません。明石はベッドタウン的な地域なので、子育て層には大きく二つが必要だと考えています。一つは経済的な問題で「お金が大変」、もう一つは人の手、つまり、「誰かうちの子を見て」です。お金の壁の問題としては、ひとり親家庭で子ども二人というのは大変です。ふたり親でも、今、基本は共働きですから、夏休みの学童とか保育の充実化が伴わないと、近くに子どもを預けられる場所がなく、親が近くにいないと大変です。この二つ、両方セットになっています。

今、明石市に実際来ている層は、まさに二人目の壁で、30代共働き、子どもが一人いて賃貸暮らし、もう一人欲しいが経済的に大変だから、明石市だと助かる、という層です。加えて、市内や周辺の出身者が多いです。近くに親がいて子育ての手が借りられるんです。つまり、今の転入増加には、親族間の助け合いが可能という要因がかなり大きいと聞いています。

井手　親戚、家族がいるところに引っ越してきている。Uターンみたいになっているわけですね。

泉　そうです。実際のところ、そこがすごいスピードで来ています。忙しいときとか、どうしても出席しなければならない会合のときに、親が近くにいてくれたら預けられて、半日くらい子どもの面倒を見てもらえます。もちろん転入する家族全部、親や親戚が明石にいるわけでもないので、このニーズを公がどのように担保していけるかという問題につながります。

井手　その親が担っている役割を明石市が上手にサポートできるようになると、もっと人が増えていく可能性がある。そこが次の税の話につながっていくのかもしれませんね。

次にこれをもっと充実させようと思ったら、その財源が必要になる。下水道とか公共事業とか、他の予算を削っていくことには限界があるとすると、どこからそのお金を集めるのか。やはりそれは市民に訴えていかなきゃいけないとお考えですか。

みんなが幸せになれる税負担のあり方

泉　その段階に、少なくとも明石市においては近づいてきたと思っています。

もともと私自身、みんなでみんなのためにもっと多くお金を出し合ったほうがいいという考え方で、「低負担・低福祉派」ではなく、「中負担・高福祉派」です。応分の負担をみんなでお互いに出し合って、そこに知恵と汗と連携でより良い福祉サービスを提供していくべきです。今の日本は必ずしもまだ精一杯の負担をしているとは思いません。ただ、負担を増やせと言う前に、効率化とか、やるべきことがあるのは確かです。自治体の中には、今の段階でいきなり負担を求めたとしても、まだ行政に無駄が多いじゃないかと反発を買ってしまうところもあるでしょう。明石市とて、もちろんそうです。そこと向き合いながらですが、将来を考えると、やはり逃げることなく、みなさんで負担し合いましょう、低負担で不安の社会より、中負担で安心の社会のほうが、お互いに幸せですよという方向にもっていく必要はあると思います。

井手　私もそう思います。みなさん、税金というと取られるものだと嫌がり、貯金というと資産るのは非効率です。さらにその領収書をチェックする行政職員にかかる人件費も不合理です。ボランティアには、そんなわずかなお金のために、不正をすると疑われているという不信感も生まれます。ですから、明石市は渡しきりです。その代わり行政職員が一緒に大根を切りに行きます。そうすれば適正に実施されているか、子どもたちとどんなふうに向き合っているかがわかります。そのほうが領収書をチェックするよりもよほどいいことです。それがボランティアの信頼を生み、共感のあるこども食堂になるのです。

井手　やはり、預かったお金だから、無駄遣いや不正は許されないという意識があります。かりに100件に1件、何千件に1件でもそうした問題が起きたとして、それを摘発するために膨大なコストを使い、行政とNPO、利用者との間に、不信感がどんどん蔓延《まんえん》していったら意味がありません。不正は必ず起きると割り切って、最大限チェックする努力はしながらも、不正が起きる可能性にもっと寛大になることが必要です。

北欧諸国は、どの国も社会の信頼度がものすごく高いんです。税金が高いということは、やはり負担感もそれなりにあるので、行政をちゃんとチェックし、無駄遣いがないようにやろうとするんですね。そこには可能なかぎりサービスを充実させるための努力があり、信頼感が生まれる。だから、高負担で高福祉が成り立つんです。不正ありき、不審ありきで議論が進み、信頼ということの議論が日本でほとんど聞かれないのが残念です。

分断を生む現金給付、共感と公正の現物給付

泉　もう一つの論点は、現物給付か現金給付かです。明石の政策は原則として現物給付、つまりサービスです。医療費にしても、保育料にしても、無料化しています。加えて公共施設の入場料も。無料というと得なようでサービスなんです。自分の子どもを大型遊具で毎日遊ばせたほうが得だからと、用もなく訪れたりはしません。病院にしても、子どもが病院に行きまくるなんて、あれは都市伝説です。小・中学校の子どもは病院になんか行きたがりませんから、医療費の負担をなくしたところで、そんな劇的に増えるわけがないんです。

井手　これは重要なポイントで、現物と現金の区別が、あまりにも知られていません。

泉　政治家ですら混同しています。現金を渡す発想では共感が生まれません。残念ながら人というのは、悪い意味でも知恵が働きますので、現金がもらえるとなったら不正が起きがちです。そうした負のインセンティブが働くような政策ではなくて、すでに発生しているサービスの負担を軽減する方向で、公正な制度設計をしていくべきです。

井手　障害者に車椅子を貸しますと言ったら、必要な人しか借りに来ませんね。でも、障害者にお金をあげますって言うと、障害者の振りをしてもらいに来る人が現れます。お金というのは必ず疑心暗鬼を生む。それは本当によくないことです。みんなにお金を配るというのは、暴論だと

思っています。サービスは必要な人しか取りに来ないというところが本質的に違います。

泉　まったく同感です。誰もがそれは必要だと感じられるサービスを、税金で無償化するなり、負担の軽減を図っていけば、共感も生まれますし、不正も生まれません。
私が中央省庁に行って言うのは、「お金をくれ」ではなくて「邪魔をしないで」です。その邪魔の一つが医療費です。中学校までの医療費を無料化すると、サンクションでその分、国の交付税が減らされるんです。

井手　これまではそうでした。今後はやめるという話ですよね。

泉　未就学児までに変わりましたが、まだ不十分です。今は国が応援するどころか現物給付すらやめろという方向になってきています。中央省庁や国会議員は、最低でも現物と現金の意味の違いを、もっと明確に意識した議論をしてほしいと思います。これは似て非なるものです。

誰も排除しないまちづくり

井手　身体障害者の方のバリアフリーのお話がありましたが、これまでの流れからすると、知的障害や精神障害の人にも、範囲を広げていくということですね。

泉　もうすでに取り組んでいます。たとえば罪を犯した方の更生支援です。再犯防止推進法ができて、今、各自治体のほうにも動きが始まりつつあるところですが、明石市では「更生支援・再犯防止条例」を制定しました。再犯防止にはどうしても上から目線的な部分があったりしますが、更生支援のほうは支える感じがあります。更生は漢字で更に生きるで、更に正しいではありません。正しく生きなくても、もう一回やり直してもらったらいいだけです。

その対象に入ってくるのが軽度の知的障害者です。年配になって生活が立ち行かず、万引きをしたり、無銭飲食をしたりして、刑務所に長期入所しているのです。1年間刑務所に入ると、諸説ありますが、社会コストは1人300万から400万円と言われます。軽度の知的障害の方が、万引きや無銭飲食をしなくてもいい状況をつくったほうが、社会的コストも安く済みます。

明石市では国と組んで、軽度の知的障害者が逮捕されたら、直後に市の職員が警察署に面談に行っています。刑務所に入っている方が出てくる場合には、出所の前に刑務所に職員が会いに行き、そのときに療育手帳の手続きを済ませて、出所時には福祉サービスとして受け入れています。福祉サービスの中であれば、人の目もありますし、支援もありますから、再び無銭飲食もせずに済むわけです。そういったこともすでに始めています。

コンセプトは「おかえりなさいと言えるまち」です。罪を犯した者にもう帰ってくるな、二度と戻るなではなくて、みんなで「おかえり」と言えるまちをキャッチフレーズに打ち出していいます。市民からの反響が心配でしたが、みなさん、「いい言葉やね」と言ってくださっています。

最近では「二度と罪を犯さないで」とは言わず、「次に犯すときはちょっと待ってね」と言っています。刑務所を出てから頑張って半年、1年ぐらい辛抱してくれれば、犯罪の頻度が減り、数も減ります。人を突き飛ばして怪我をさせて物を盗った人がいれば、「次は突き飛ばさないで」と言います。物は盗っても、怪我人は出ませんから。

何があっても罪を犯してはいけない、というのは現実的ではありません。できるかぎり頻度を減らしていくことで、被害者を減らし、被害を軽減していく。そういったまちづくりをすれば、それはきっとやさしいまちであると同時に強いまち、一定のリスクにも持ち堪えるまちになります。

井手　福山でNPOの福祉施設を運営している友人の話では、この人は軽度の障害があります、自分でもわからずに徘徊《はいかい》したり、万引きしたりしてしまいますが、もし何かあったときにはうちに電話してください、と地域住民に説明して回るそうです。すると、何か問題を起こすともうわかっているので、電話を受けて駈けつけて、お金を払っておしまいなんだそうです。

その人のことを知っているかどうかだけの違いで、知っていればもっと効率化していくし、社会が信頼し合えるようになります。

泉　明石でもそれが始まってます。所詮物を盗るだけですから、お店と連携してその人の特性なり状態を周知しておき、盗ったら弁償するシステムをつくっておけばいいんです。

明石は子どもで目立っていますけど、まさに包み込むまちというのか、誰も排除しないまちづくりの段階に入ってきたと思います。これまで、10個のパンがあって10人に配っていたのが、9

個になってしまったときに、対応の仕方は二つに分かれると思います。一つは誰か1人だけパンをもらえない理由を考えて排除する。1個減るごとに1人排除していき、結局誰もいなくなってしまいます。そうではなくて、9個を均等にみんなで分かち合って食べていく。パンが減るとわかっているなら、みんなで知恵をしぼって違う作物を作る。誰も排除せず、危機的状況に向き合いながら新しい知恵を出していく。そのほうが確実に共感的な社会になっていきます。

年々可処分所得が減ってくるなかで、社会がぎすぎすしてきて、どうしても弱い者を排除し、多数派だけ生き残ろうという機運があると思います。でも、それを続けていったら、自分の首を絞めることになる。誰かを排除していって、自分だけ最後まで残れる保証などありません。そんな疑心暗鬼の社会ではなくて、誰も排除しないまちづくりを進めていきたいと思っています。

「オール・フォー・オール」で危機の時代を切り開け

井手　実は、私が抱いていた市長のイメージは、限られた予算のなかで要らないものを削り、必要なものに付け替えていく、民主党政権期の「コンクリートから人へ」を大胆にやっている人でした。しかし、今回お話をしてみて、まさに「フォー・オール」の人だと改めて思いました。何かやるときに、常にみんなのために、という目線でやっていく。「教育・フォー・オール」とか、「福祉・フォー・オール」とか、とにかくみんなのために、で一貫しています。